BEI GRIN MACHT SICH IHR WISSEN BEZAHLT

AF150988

- Wir veröffentlichen Ihre Hausarbeit,
  Bachelor- und Masterarbeit

- Ihr eigenes eBook und Buch -
  weltweit in allen wichtigen Shops

- Verdienen Sie an jedem Verkauf

Jetzt bei www.GRIN.com hochladen und kostenlos publizieren

Bibliografische Information der Deutschen Nationalbibliothek:

Die Deutsche Bibliothek verzeichnet diese Publikation in der Deutschen National-
bibliografie; detaillierte bibliografische Daten sind im Internet über http://dnb.d-
nb.de/ abrufbar.

Impressum:

Copyright © 2000 GRIN Verlag, Open Publishing GmbH
Druck und Bindung: Books on Demand GmbH, Norderstedt Germany
ISBN: 9783638956321

Dieses Buch bei GRIN:

http://www.grin.com/de/e-book/1303/zu-patrick-sueskind-die-taube

Saskia Dams

Zu: Patrick Süskind - "Die Taube"

GRIN Verlag

GRIN - Your knowledge has value

Der GRIN Verlag publiziert seit 1998 wissenschaftliche Arbeiten von Studenten, Hochschullehrern und anderen Akademikern als eBook und gedrucktes Buch. Die Verlagswebsite www.grin.com ist die ideale Plattform zur Veröffentlichung von Hausarbeiten, Abschlussarbeiten, wissenschaftlichen Aufsätzen, Dissertationen und Fachbüchern.

Besuchen Sie uns im Internet:

http://www.grin.com/

http://www.facebook.com/grincom

http://www.twitter.com/grin_com

Patrick Süskind : „Die Taube"

Saskia Dams

Gliederung:

1. Biographie:

Patrick Süskind wurde am 26.3.1949 als Sohn eines Schriftstellers und Journalisten in Ambach am Starnberger See geboren. Nach dem Abitur studierte er von 1968 bis 1974 Geschichte in München. Danach hielt er sich mit Gelegenheitsjobs und Beschäftigung „als Autor von kürzeren unveröffentlichten Prosastücken und längeren unverfilmten Drehbüchern" über Wasser. Bekannt wurde er mit dem Einakter „Der Kontrabaß" (uraufgeführt 1981); einen Welterfolg brachte sein Debütroman „Das Parfum" (1985), der mittlerweile in mehr als zwei Dutzend Übersetzungen vorliegt.

1987 entstand dann die nur 100 Seiten starke Erzählung „Die Taube".

Mitte der achtziger Jahre trat Süskind auch als Drehbuchschreiber zweier erfolgreicher TV- Serien in Erscheinung, „Monaco Franze" und „Kir Royal". Danach schrieb er auch das Drehbuch zu dem Kinofilm „Rossini – oder die Frage wer mit wem schlief".

Biographisches ist über Patrick Süskind, der sich selbst(-ironisch) als einen von den Zeitläuften überrumpelten Altachtundsechziger porträtierte, nur spärlich zu erfahren; wie kaum ein anderer verweigert er sich den Erwartungen des Literaturbetriebs, verweigert Interviews und Fototermine und alle Arten öffentlicher Auftritte (auch Preisverleihungen: abgelehnt hat er die Annahme des Gutenberg-, Tukan-, und FAZ-Literaturpreises).

Patrick Süskind lebt als freier Schriftsteller in München, Paris und Montoliou/Südfrankreich.

2. Aufbau

Die nur hundert Seiten starke Erzählung „Die Taube" besitzt keine Kapiteleinteilung oder andere klare Abschnitte. Zwischen verschiedenen Stationen in der Gefühlswelt des Betroffenen stehen nur unabhängige Absätze.

Zu Beginn der studienartigen Erzählung steht die Vorschau auf das Erlebnis mit der Taube und deren Auswirkungen auf die Hauptfigur. Rückblendend wird daraufhin die Vergangenheit Jonathan Noels und deren Zusammenhang mit dem dramatischen Erlebnis beschrieben. Daran reihen sich dann die Erlebnisse Jonathans aufgrund der Taube an diesem einen Tag.

Schließlich kommt es zu einem Umschwung, der im Auftakt der Handlung logisch und psychologisch angebahnt wurde.

Der erzählerische Rahmen bleibt in dieser Erzählung begrenzt auf die enge private Welt der Hauptgestalt; der Ansatz, den Aussenseiter als den Isolierten (und als Selbstabschotter) zu zeigen, wurde radikalisiert. Die Geschichte handelt von einem einzigen, einem unglückseligen Tag in Jonathans Leben.

3. Inhalt

Jonathan Noel arbeitet als Wachmann einer Bank, bewohnt ein winziges Zimmer im 7. Pariser Arrondissement und lebt dort unauffällig und zurückgezogen. Der kurz vor der Pensionierung stehende Noel ist, offensichtlich bedingt durch ein Kindheitstrauma ein „Leben – Vermeider", dessen ganze Energie sich darauf verbraucht, das Außerplanmäßige und Unverhoffte aus seinem Dasein zu verbannen. In sein ordnungsfanatisch ausgezirkeltes Leben – ein überraschungsloses Dahintreiben in den endlichen Tod – bricht plötzlich, im August 1984 „die Katastrophe".

Der autoritätshörige Jonathan wollte eigentlich nur, nachdem er seine allmorgendlichen Sicherheitsvorkehrungen in Bezug auf Alleinsein vorgenommen hatte, die Etagentoilette besuchen, und stürzt statt dessen, alle Orientierung verlierend, ins Bodenlose. Er ist durch den schrecklichen Anblick einer Taube so verwirrt und verzweifelt, dass er sogar versucht zu beten.

Fest entschlossen an diesen fürchterlichen Ort niemals mehr zurückzukehren, flieht Jonathan in panischer Verwirrung. Der Wachmann sagt nur noch der sich gleichgültig zeigenden Concierge Bescheid bevor er seinen Dienst antritt. Vor der Bank bricht ihm der Schweiß aus, verlangt es ihn unwiderstehlich, sich Oberschenkel, Brust und Nacken zu kratzen, so dass er fast die Balance verliert. Fahrig und pflichtvergessen lässt er sogar die Limousine des Direktors vor dem geschlossenen Tor warten – und reißt sich in der Mittagspause schließlich, als er in seinem Ordnungswahn eine Milchtüte in den Papierkorb, nahe der Parkbank auf der er saß, befördern wollte, ein aberwitziges Loch in die Hose. Dem in der Nähe sitzenden Clochard, welcher Jonathan aufgrund seiner Faulheit anekelt, passiert solch ein Malheur natürlich nicht.

In der flugs aufgesuchten Näherei hat man natürlich auch keine Zeit für seine schrecklich zerfetzte Hose; man muss sich folglich gezwungenermaßen mit Tesafilm Abhilfe schaffen. In seiner Nachmittagswache haßt sich Jonathan.

Er hat schreckliche Angst vor der Taube, schämt sich erbärmlich aufgrund seines Loches in der Hose, seiner Unachtsamkeit und könnte vor lauter Selbsthaß förmlich explodieren. Nach und nach breitet sich in ihm dann eine schwere Depression aus. Er sieht keinerlei Sinn mehr im Leben. Die Taube hat alles zerstört. Er wechselt am Abend in eine kleine Pension und bereitet sich das einsame Henkersmahl eines Selbstmörders. Doch anstatt der Hinrichtung folgt noch in der Nacht die Erlösung durch ein Gewitter; der kindliche Jonathan kommt zum Vorschein, gewinnt seine innere Freiheit wieder und bringt die Kraft auf wieder zurückzukehren. Die Taube ist verschwunden und mit ihr alle Angst.

4. Sprache und Stil

Patrick Süskind schildert die Geschichte aus dem Blickwinkel seines verstörten Helden mit einer mitleidenden Einfühlung, die eine Art von sarkastischer Distanz nicht ausschließt.

Aus der Monomanie und den schrägen Obsessionen Noels, schlägt der Autor den Funken des grotesk Komischen. Süskind ist ein Taschenspieler des in den Witz getriebenen Schreckens, des alltäglichen wie des außerordentlichen.

Süskind berichtet so monoton und kunstvoll zugleich von dem Sonderling Noel, das die wohlgesetzten Worte an den fesselnd poetischen Gestus längst verstorbener Dichter erinnern.

Was Süskind beschreibt, ist minutiös beobachtet, und der glänzende Stil der Mitteilung fesselt den Leser auch bei geringfügigen Dingen. Gerade das Geringfügige wirkt bedeutungsvoll, „fürchterlich", wie bei einem schizophrenen Schub. Ein sensibler Leser wird von dem aus der Tiefe drohenden Unheil ebenfalls angeweht und ist völlig eingesponnen in die Psyche des armen Gequälten. Dem Autor gelang, das namenlose Entsetzen, das der Wachmann angesichts des Vogels empfindet, in einer Weise zur Sprache zu bringen, die den Leser begreifen lässt, warum Noels scheinbar widersinnige Reaktion eine subjektiv natürliche und selbstverständliche ist. Ebenso listig wie unwiderstehlich bringt Süskind den Leser dazu, sich mit diesem Jonathan Noel zu identifizieren, obwohl dieser ihn für völlig verrückt halten müsste. Mit einer liebevollen Ironie und kleinen Versatzstücken, die alle auch in unseren Ängsten vorkommen, schildert Süskind, wie Jonathan sich in seine Panik hineinsteigert.

Geschrieben ist die in klassischer Novellenform verfasste „Taube" in einem eigentümlichen Alt – Deutsch, einer gleichsam antiquarischen Prosa, in welcher das Gelenkige und das Gravitätisch - Gezierte auf das feinste miteinander abgewogen sind. „Von Stufe zu Stufe beruhigte er sich" – die Syntax wird für dieses Moment der Ablenkung von der Angst genauso weicher wie die Sprache. Die Muskeln entkrampfen sich bei Noel, wie auch beim Leser.

5. Psychologische Analyse

In seiner Kindheit, 1942, erlebte er eines Tages ein herrliches Gewitter, ging fröhlich nach Hause in die Küche zur Mutter, aber die war nicht mehr da, man hatte sie nach Osten weggeschafft. Er begriff nichts, und bald darauf verschwand auch sein Vater. Ein Onkel holte ihn weit hinunter nach Süden und hielt ihn versteckt; nach dem Krieg arbeitete der Junge als Bauer, wurde Soldat in Indochina, heiratete danach auf Wunsch des Onkels ein Mädchen, das ihm aber eines Tages durchbrannte. Und so packte er auch die Koffer und führte seine erste und letzte eigenständige Handlung und Entscheidung durch, indem er nach Paris ging.

Feste Werte

„Als ihm die Sache mit der Taube widerfuhr, die seine Existenz von einem Tag zum anderen aus den Angeln hob, war Jonathan Noel schon über fünfzig Jahre alt, blickte auf eine wohl zwanzigjährige Zeitspanne von vollkommener Ereignislosigkeit zurück, und hätte niemals mehr damit gerechnet, daß ihm überhaupt noch irgend etwas anderes Wesentliches würde widerfahren können als dereinst der Tod. Und das war ihm auch durchaus recht. Denn er mochte Ereignisse nicht, und haßte geradezu jene, die das innere Gleichgewicht erschütterten und die äußere Lebensordnung durcheinanderbrachten. "

Jonathan ist nichts wichtiger im Leben als eine sichere Bleibe, und die findet er in diesem Zimmer: *„eine sichere Insel in der unsicheren Welt, das bleibt sein fester Halt, seine Zuflucht"*. Hier hat er sich eingerichtet, *„hier lebt er ruhig und zufrieden, jahraus, jahrein, Jahrzehnt um Jahrzehnt. "*

Jeden Morgen horcht Jonathan an seiner Tür, um zu erkunden, ob er gefahrlos den Weg zur Etagentoilette antreten kann – d.h., ob er auch gewiß kein Mitbewohner gegenwärtigen muss. *„Ein einziges Mal war ihm das passiert, im Sommer 1959..., und ihn schauderte, wenn er daran zurückdachte... Nein, er wollte es nie wieder erleben, und er hatte es auch nie wieder erlebt, dank seinem prophylaktischen Lauschen".*

Jonathan war dank der mißlichen Umstände, in denen er heranwuchs, früh zu der Einsicht gelangt, *„daß auf die Menschen kein Verlaß sei und daß man nur in Frieden Leben könne, wenn man sie sich vom Leibe hielt. "*

Schmerz und Angst

Was sie ihm damals angetan haben, als die Gesetze nicht galten und Juden von der Öffentlichkeit ausgenommen waren, ist eine offene Wunde, ein unbegreiflicher, niemals nachlassender Schmerz. Immerzu fühlt er sich wie ein in die Enge getriebenes Tier, das nichts spürt außer der eigenen Angst. Nachdem er von der ganzen Welt enttäuscht und allein gelassen wurde, hat er sich förmlich in seine winzige Wohnung verliebt – „ … *nichts auf der Welt würde sie je noch voneinander trennen können, ihn, Jonathan, und sein geliebtes Zimmer, bis daß der daß der Tod sie scheide.*" Sie konnte ihn schließlich weder verletzen, noch allein lassen oder betrügen.

Verwirrte Psyche

Sein Wächterberuf bei der Bank lässt es zu, diesen Grundsatz psychisch und physisch Rechnung zu tragen, wobei er auch materiell ein Auskommen findet, das seinem bescheidenen Anspruch genügt. In der Bank gehört er sozusagen zum Inventar. Die Kunden betrachten ihn als Staffage, nicht als Person.

Jonathan ist sicher kein glücklicher, aber ein unbekümmert zufriedener Mensch, den der Geist der Novelle mit kalter Aufmerksamkeit durch die Monotonie seines Alltags begleitet. Herr Noel wird von der Wollust der Sauberkeit in seinem wunschlosen Nichts beherrscht. Er ist ein Kauz, ein eigensinniger Eremit, der sein Gehäuse stets zur gleichen Zeit verlässt, stets den selben Weg nimmt, stets das gleiche ißt und trinkt und offenbar unter Zwang oder mit absonderlichen Bedacht die Tage verrinnen lässt wie Sandkörner in einer Eieruhr.

Die Taube und ihre Auswirkungen

Die Taube gilt zwar traditionell als Symbol für den Frieden. In der Bibel erscheint die Taube, den Ölzweig im Schnabel; für Noah ist dies das Zeichen der Versöhnung und des neuen, endgültigen Friedens mit dem Herrn. Jonathan aber, sieht in ihr Chaos und Anarchie. In der Gestalt der Taube, so fürchtet Jonathan, stellt die Welt ihm nach, gönnt ihm seinen Frieden nicht, mustert ihn ungerührt wie ein Stück Vieh – nachdem sie ihn, nach so vielen Jahren, endlich in seinem Versteck ausfindig gemacht hat . „Die Taube" ist auch eine Parabel der Lebensangst.

Offenbar ist er ein jüdischer Junge mit einem nie erloschenen Trauma. Die ganze düstere Vergangenheit, an die er am liebsten überhaupt nicht denkt, die menschliche Verschlagenheit, der er sein Leben lang aus dem Weg geht, sie stürzen aus dem verschlagenen kalten Auge der Taube über ihn her und zerrütten ihn. Jonathan wird aus seinem Zimmerchen, Käfig , Bunker, Burg, aber auch Zufluchtsort und seiner „Geliebten", durch den Todesboten „Taube" in den

Inbegriff von Chaos und Anarchie gestürzt. *„Sie hatte den Kopf zur Seite gelegt und glotzte Jonathan mit ihrem linken Auge an. Dieses Auge, eine kleine, kreisrunde Scheibe, braun mit schwarzem Mittelpunkt, war fürchterlich anzusehen. Es saß wie ein aufgenähter Knopf am Kopfgefieder, wimpernlos, brauenlos, ganz nackt, ganz schamlos nach außen gewendet und ungeheuer offen; zugleich aber war da etwas zurückhaltend Verschlagenes in dem Auge... Und es glotzte Jonathan an."* Jonathan, zu Tode erstarrt und erstaunt, verharrt angesichts der ihm fürchterlichen Erscheinung einen kurzen Moment auf der Türschwelle. Er rettet sich ins Zimmer zurück, dreht das Sicherheitsschloss um, riegelt so seine Zufluchtsstätte gegen die Umwelt ab, und sinkt schweißüberströmt, bedroht und panisch verängstigt auf sein Bett nieder. *„Jonathan war so verwirrt und verzweifelt, daß er etwas tat, das er seit seinen Kindertagen nicht mehr getan hatte, er faltete nämlich in seiner Not die Hände zum Gebet, und „mein Gott, mein Gott", betete er, „warum hast du mich verlassen? Warum werde ich so sehr gestraft von dir? Vater unser der du bist im Himmel, rette mich vor dieser Taube. Amen."* Ihr bloßes Dasein als Lebewesen, das in seiner verzerrten Einbildung Anspruch auf ihn und seine irgendwie geartete Teilnahme erhebt, ist für Jonathan blankes Unheil genug.

Das Überraschende, alle Regeln und Rituale außer Kraft setzende Auftauchen des Tieres aber wird seinem verwirrten Denken erst recht zum bösartigen Attentat auf jene ausgekügelt gewahrte Ruhe und Gleichförmigkeit, die er zu den einzig möglichen Garanten des Glücks bestimmt hat. Jahrzehntelang konnte er seine monadische Existenz als erschütterungfreien, kalkulierbaren und perfekt a-sozialen Dauerzustand organisieren – doch jetzt hockt ein Zwischenfall auf dem Flur, noch dazu ein lebendiger, und er erscheint Jonathan – gleichsam als Abbild von Chaos und Anarchie – sogar schlimmer zu sein als das unvermutete Antreffen eines Nachbarn vor der Etagentoilette...

Selbsthass

Normalerweise absolviert er seinen Vormittagsdienst mit der stoischen Ruhe einer Sphinx, an diesem für ihn so verhexten Tag aber nur mit Heil und Not. Liebte er dieses statuarische, sphinxhafte Tun bislang, so gerät es ihm jetzt zur Folterqual, da er ihm infolge seiner Not plötzlich nicht mehr gewachsen ist und zu seinem fassungslosen Entsetzen in seiner Nachmittagsschicht sogar das Herannahen der Limousine des Direktors verpaßt, der er ein Gatter zu öffnen hat. Dieses erneute Malheur und ´Versagen` steigert seine Verzweiflung ins Unerträgliche, nachdem er den Hosenriß in einem Kaufhaus nicht reparieren lassen konnte. Jonathans Hirn vernebelt sich zusehends. Die Perfektion des Wachmanns ist hin, die Fehler häufen sich, und die Angst wird würgend. Es ist eine psychopathische Angst, und diese extreme Existenz zeigt Züge des Pathologischen.

Während die Sonne vom Himmel brennt und in ihm selbst eine Art Selbsthaß aufsteigt, der sich bald in eine martialische Wut auf die Welt und die Menschen ausweitet.

Er kommt sich wie verkrüppelt vor und verachtet, haßt sich in diesen Stunden. *„Aber dann erlosch auch das Wutfeuer in ihm, dieser letzte eigene Impuls .. versiegte der letzte Rest von Haß ... nichts giftete und geiferte mehr aus seinen Augen, sondern er schaute auf die Straß hinab mit einer Art gebrochenen Blicks."* Für Jonathan Noel gibt es nach diesem Feierabend kein Paris mehr. Er schwimmt im anonymen Strom der Passanten davon.

Der Sarg

Er verkriecht sich in ein noch kleineres Hotelzimmer in der architektonischen Bauform eines Sarges und bereitet sich, dem zukünftigen Selbstmörder, sein Henkersmahl. Dieses Abendessen in dem trostlosen Hotelzimmerchen mit Sardinen, Käse, Birne, Rotwein und Brot, waren lauter Dinge, die er in der Mittagspause von seiner Parkbank aus einen Clochard hatte essen sehen. Dieser war ihm als Inbegriff der Verkommenheit erschienen, von der er selbst sich mittags noch unendlich weit weg wähnte. Das Abendessen schmeckt ihm jetzt so gut, wie er das bei dem Clochard mit Entsetzen festgestellt hatte. Nun ist er selbst auf diesem Niveau angekommen. Es stört ihn nicht mehr. Jonathan wünscht sich nun sowieso nichts sehnlichster als zu sterben, um der schrecklichen Angst und Unfähigkeit zu entgehen.

Das Gewitter

Doch die Erlösung kommt von außen. Ein geheimnisvoller Brückenschlag zurück an den Anfang der Novelle folgt. Ein Gewitter, das ihn aus dem Schlaf reißt und im ersten Moment wie die Posaune des Jüngsten Gerichts erschallt, treibt ihm alles aus, was ihm seit jenem herrlichen Gewitter 1942 alles widerfahren ist. Ein verlorener Sohn, ein „greises Kind" , wie ihn sein Erfinder ihn mit zärtlicher Zuwendung nennt, das nicht weiß wo es den Vater und die Mutter suchen soll. Im Wachtraum ins Haus der Eltern zurückversetzt, stößt Jonathan Noel einen verzweifelten Schrei aus: „Warum kommen sie nicht? Warum ist es so totenstill? Wo sind die anderen Menschen? Ich kann doch nicht ohne die anderen Menschen leben!" Jonathan erhält Antwort in Form vom leisen, beruhigenden Trommeln des Regens an seinem Fenster. Durch dieses Rauschen fällt der Raum, und der förmlich schon im Sarg liegende Jonathan, in seine Ordnung zurück. Licht fällt ins Zimmer, der Wachmann steht auf und tritt, symbolisch „ins Freie". Das Gewitter, die Entladung und der Regen sind als Bilder der Erlösung zu deuten. Das damalige Gewitter brachte Unheil, das jetzige Gewitter heilt ihn. Am

Anfang schien der Held gerichtet, jetzt ist er gerettet. Es katapultiert ihn in die Freiheit. Und Jonathan Noel, der Wachmann und Saubermann, ein korrekter Herr über fünfzig, verwandelt sich in das Kind zurück, das er immer geblieben ist. *„Er patschte mit Fleiß durch die Pfützen, er patschte mitten hinein, er lief im Zickzack von Pfütze zu Pfütze, wechselte sogar einmal die Straßenseite, weil drüben auf dem anderen Bürgersteig eine besonders schöne, weite Pfütze sah, und stapfte mit platten, patschenden Sohlen hindurch, daß es nur so spritzte gegen die Schaufenster hier und gegen die geparkten Autos dort und gegen seine eigenen Hosenbeine, es war köstlich; er genoß diese kleine kindliche Sauerei wie eine große wiedergewonnene Freiheit."* Wie damals als Kind kehrt er glücklich nach Hause zurück; nur das diesmal nicht der große Schock auf ihn wartet, sondern die Erlösung von aller Angst. Es ist auch ein Märchenmoment, das da passiert; der große Regen auch ein Jungbrunnen, in welchem der versteinerte, vertrocknete Mann Noel wieder ins Leben erwacht.

Die Taube ist verschwunden als wäre sie nie da gewesen um Jonathans heile Welt zu zerstören.

6. Süskinds Intention

Süskinds Figur ist ein (Anti-)Held, der sich im verwirrenden Gestrüpp seiner Nervenfasern und Seelenfäden verheddert, heillos und ungeheilt. Er streift als vereinsamter, mehr oder minder psychotischer Sonderling durchs Leben.

Psychologen sprechen von ´Beeinträchtigungswahn`, von einer Beeinträchtigung der Wahrnehmung, bei der die Mitwelt als feindlich erlebt wird. Die Reaktion solcher Individuen ist entweder der Totalrückzug auf eine Art ´innere Lebensinsel` oder ein verborgener, verbissen - aggressiver Feldzug gegen die Welt der anderen.

Süskinds zu kurz gekommener Held sucht Halt, Anerkennung und letztlich doch nur dies: die Liebe der anderen.

Je mehr sie von der Unmöglichkeit dieser Liebe überzeugt sind, desto unerbittlicher, auch gegen sich selbst, ergeben sie sich ihrem Perfektionsdrang, der sich an ausgesuchte Zustände bindet, wie der penibel ´erarbeitete` Zustand absoluter Ereignislosigkeit im minimalisierten Lebenswinkel.

In diesen Fixierungen verdinglicht sich das existenzielle Defizitgefühl: Lebensuntüchtigkeit, Liebesunfähigkeit und das Ausgestoßensein.

Aber „seine sichere Insel in der unsicheren Welt" suchen das nicht die meisten, was immer sie dafür halten? Hassen nicht die meisten jene Ereignisse, die das innere Gleichgewicht erschüttern und die äußere Lebensordnung durcheinanderbringen? Unsicherheit und Angst sind aber nicht auf der Ebene der Vernunft zu Hause – sondern im Irrationalen.

Wenn man die Erzählung als Gleichnis für die selbstverschuldete oder auferlegte Isoliertheit des Menschen, für die Verlassenheit, die mit hilflosen Kulissen kaschiert wird, empfindet, so wird klar, dass diese schon beim Auftauchen einer Taube umfallen können.

Dass aus dem jüdischen Jungen Jonathan Noel ein menschenscheuer Sonderling geworden ist, hat aber auch seine bösen Gründe.

Die Erzählung „Die Taube" ist zwar ein symbolisch überhöht, nichtsdestotrotz sehr realistisch und kein Märchen. Ihr märchenhafter Ausklang indessen nimmt ihr versöhnlerisch die traurige, harte Schärfe, die das Werk über weite Strecken so auszeichnet.

Süskind selbst hat einmal über sich gesagt: „ Auch ich verbringe den größten Teil meines Lebens in immer kleiner werdenden Zimmern, die mir zu verlassen immer schwerer fällt. Ich hoffe aber, eines Tages ein Zimmerchen zu finden, das so klein ist und mich so eng umschließt, daß es sich beim Verlassen von selbst mitnimmt." (1981)

Quellen:

- Kritisches Lexikon zur deutschsprachigen Gegenwartsliteratur
- Pressedossier des Diogenes Verlages